El tren de los huérfanos

por Jane Manners

ilustrado por Marisol Sarrazin

Harcourt

Orlando Boston Dallas Chicago San Diego

Visita *The Learning Site*

www.harcourtschool.com

Era el segundo día de Tom en su nueva escuela y no quería volver. Se quedó sentado en la silla, de brazos cruzados y sin moverse.

—No le gusto a los niños de mi clase —dijo Tom a su abuela—. Ni siquiera me hablan.

Su abuela sonrió, se sentó en una silla junto a él y le tomó la mano.

—No me gusta mi nueva escuela —confesó—. Me asustan los lugares nuevos.

—Sé cómo te sientes —le dijo la abuela.

—¿Lo sabes? —preguntó Tom.

—¡Claro que sí! Hace mucho tiempo, estuve en un tren de huérfanos —contestó.

—¿Qué es un tren de huérfanos? —preguntó Tom.

Cuando era una niña tuve que subir a un tren, solita y viajar hacia el oeste para reunirme con mi nueva familia. Déjame que te diga; ¡estaba muy asustada!

¿Qué sucederá si no me gusta mi nueva familia?¿Y si no le gusto a ellos?¿Y si los niños de mi nueva clase son mayores y saben más que yo?

—¡Un momento! ¡Un momento! —exclamó Tom—. ¿Y tus padres?

—Mis padres eran muy, muy pobres. No podían cuidarme —dijo con tristeza—. Querían lo mejor para mí.

Tom no podía dejar de mirar a su abuela.

—¿Qué sucedió? —preguntó.

Recuerdo apoyar mi cara contra la ventanilla del tren. No quería ir. Todas las noches tenía un sueño en el que era un pájaro que podía deslizarse por el aire sobre las crestas de las montañas. También podía volver volando al único hogar quc conocía cn New York.

El tren atravesaba ondeando por campos interminables y pequeños pueblos. Cuando hacíamos paradas, los adultos nos estudiaban para escoger los niños que querían adoptar.

Los niños que no eran escogidos, volvían al tren. Y así seguíamos atravesando más campos y más pueblos.

En Texas, me adoptó una familia. Parecía agradable, pero yo seguía asustada. Un día salí a caminar con mi nueva hermana. Pasamos por el puerto y ella me señaló una bandada de pájaros que volaba sobre nosotras. ¡Cómo deseé ser uno de ellos! Entonces, mi nueva hermana me pasó un brazo por los hombros. Ella iba a ser mi amiga.

—En ese momento, mi corazón se elevó y ya no volví a sentirme sola —dijo la abuela de Tom—. Al principio fue difícil ir a una nueva escuela, pero pronto hice muchos amigos y tú también los harás.

Justo en ese momento, sonó el teléfono. Mientras la abuela lo atendía, Tom se quedó pensando en lo que acababa de oír.

Entonces, se levantó de la silla y tomó su mochila.

La abuela colgó el teléfono. —Era Sam, de tu nueva clase —dijo—. Quiere invitarte a su casa después de la escuela. Parece que acabas de hacer un amigo.

—Gracias, abuela —dijo Tom abrazando a su abuela.